Tatiana Yudina

Dogma oder Diskurs –

Russland verstehen oder an Russland glauben?

Tatiana Yudina

Dogma oder Diskurs – Russland verstehen oder an Russland glauben?

Umschlagabbildung: Ausschnitt aus *Babylon* von E.N. Erochin.
35 × 81 cm, Öl auf Leinwand, o.J.

ISBN 978-3-7329-1048-9
ISBN E-Book 978-3-7329-8878-5

Herstellung durch Frank & Timme GmbH,
Wittelsbacherstraße 27a, 10707 Berlin.
Printed in Germany.
Gedruckt auf säurefreiem, alterungsbeständigem Papier.

www.frank-timme.de

Inhaltsverzeichnis

„In Russland ändert sich alle zehn Jahre alles, und in 200 Jahren ändert sich nichts“

Dieser spöttisch-bittere Satz des russischen Staatsmannes Pjotr Arkadjewitsch Stolypin (1862–1911) spiegelt eine Haltung wider, in der Fatalismus, Schicksalsergebenheit, aber auch mangelnder konstruktiver Gestaltungswille zum Ausdruck kommen. Und leider ist der Betrachter, ob er nun ein Nicht-Russe oder ein Russe ist, sehr versucht, dieser Selbstaussage zuzustimmen.

Die aktuellen Ereignisse in Europa und die harten Kämpfe in der Ukraine haben unzählige Menschen in vielen Ländern fassungslos gemacht. Wie ist es möglich? Das seit Jahrzehnten friedliche Europa wird zum Schauplatz eines sich immer weiter und weiter ausdehnenden Konflikts. Zahlreiche meiner deutschen Freunde, die Russland kennen und schätzen, wollen und können es immer noch nicht begreifen: Was denken die in Russland gebliebenen Russen darüber? Wie ist die Haltung des russischen Volkes zu den jetzigen kriegerischen Auseinandersetzungen mit seinem nächsten Nachbarn? Eines Volkes, das der Zweite Weltkrieg so viele Menschenleben gekostet hat, ein Krieg, in dem Russen und Ukrainer Schulter an Schulter gekämpft haben?

Was steckt hinter dieser fatalistischen Haltung? Wie ist sie zu interpretieren?

Ich meine, dass wir es mit einem Paradigmenwechsel zu tun haben, den viele, und vor allem viele gegenüber Russland positiv Gesinnte bislang nicht verstanden haben. Oder vielleicht sträuben sie sich, ihn als tatsächlich eingetreten zu bewerten. Das zur späten Zeit der Sowjetunion und vor allem das zur Zeit der Perestrojka gewonnene Russlandbild ist einem neuen – oder genauer: einem alten und wieder zurückgekehrten – Russlandgesicht gewichen, das zu akzeptieren schmerzlich ist. Lange Zeit, vielleicht zu lange, hat das Ausland auf Russland geblickt und dabei versucht, das vertraut gewordene sowjetische Gesicht im gegenwärtigen Russland wiederzufinden. Erst in diesen Wochen und Monaten wird erkannt, dass die Sowjetunion tatsächlich verschwunden und ein anderes Land, nämlich Russland, zurückgekommen ist. Und das ist ein anderes Land!

Diese neue Realität wahrzunehmen und zu akzeptieren, ist nicht einfach und bereitet Probleme. Auch die Russen selbst werden damit konfrontiert. Für viele russische Bürger ist es oft ein Problem, die Realität mit offenen Augen wahrzunehmen. Das hat einen tiefen und langen kulturell-historischen Hintergrund. Propaganda ist ein hartes Wort und eine scharfe Waffe. Manipulative Mittel können verschiedene Gestalt annehmen. Je feiner die Form, desto gefährlicher die Wirkung. Die Wurzeln der heutigen inneren psychologischen Konflikte, die die russische Gesellschaft kennzeichnen, sind auf ihre Geschichte im 20. Jahrhundert zurückzuführen. Es kann sein, dass diese Wurzeln sogar in viel ältere Schichten zurückreichen. Die Frage nach der weiter zurückliegenden Geschichte würde allerdings weit über die Grenzen dieses Buches hinausgehen.

Das psychologische Drama Russlands wird von einer überwiegenden Mehrheit seiner Bürger rational kaum reflektiert, es wird eher verdrängt. Und wenn es doch bedacht wird, dann zumeist nur ansatzweise oder fragmentarisch. Auf der intuitiven Ebene hat es jedenfalls tiefe Spuren im nationalen Bewusstsein hinterlassen. Diese Spuren gehen quer durch die Generationen und erschweren nicht selten die Beziehungen zwischen ihnen, was zu einer Zersplitterung der Gesellschaft führt. Der Kern des Dramas scheint mir in den wechselhaften Wandlungen sozial-gesellschaftlicher Ordnungen und Verhältnisse im Laufe einer historisch kurzen Zeit zu liegen. Und zwar so, dass nach keinem der angeblich abgeschlossenen historischen Abschnitte ein richtiger Schluss gezogen wurde und eine Aufarbeitung erfolgte. Infolge dieser verschiedenen Umbrüche wird immer wieder nach der eigenen Identität gesucht. Dazu kommt, dass die Selbstidentität im Endergebnis eher „von oben angewiesen“ wird. Die „Selbstsuche“ bleibt dabei peripher und die Orientierungen gehen manchmal verloren. Die Hauptstationen der grundsätzlichen historischen russischen Veränderungen lassen sich in Kürze folgendermaßen zusammenfassen:

- die Monarchie;
- die Oktoberrevolution 1917, begleitet von dem blutigen „Roten Terror“ und Enteignungen;

- die Zeit der Stalinschen Diktatur mit ihren massenhaften Festnahmen und Vernichtungslagern, begleitet von einem aggressiven Atheismus;
- die Entlarvung des „Stalinkultes“ und eine kurze Zeit des „Tauwetters“;
- die Ideologie des „entwickelten Sozialismus“ unter Breschnew;
- der Durchbruch, den Gorbatschow mit seiner „Transparenz und Offenheit“ gewagt hat, begleitet von wirtschaftlicher Not und dem Zerfall der Sowjetunion;
- Abschied vom Sozialismus und ein sprunghafter Übergang zum Wirtschaftsliberalismus oder besser: zum „Wildwest-Kapitalismus“;
- Rückkehr zum Zentralismus, zu imperialen Werten/Orientierungen und zur Orthodoxie als Staatsreligion (de facto).

Dies geschah alles in einer, historisch gesehen, ausgesprochen kurzen Periode. Die relativ stabile spätsowjetische Zeit mit die Rhetorik dominierenden friedlichen Parolen in den Jahren der offiziell deklarierten Entspannungspolitik und einer kontrollierten Öffnung dem Westen gegenüber vermittelte der älteren Kriegsgeneration, auch den Generationen der 60er- und der darauffolgenden 70er-Jahre, das Gefühl einer relativen Sicherheit, einer Stabilität und eines bescheidenen Wohlstands.

Abb. 1: Sowjetisches Propagandaplakat – „Der Frieden siegt!"

Die absolute Mehrheit der Sowjetbürger lebte längere Zeit mit der tiefen Überzeugung, Träger des Guten zu sein. Jahrzehntelang produzierte die sowjetische Propaganda im öffentlichen Bewusstsein eine kollektive Identität, bei der die Sowjetmenschen

- Opfer einer heimtückischen Invasion im Zweiten Weltkrieg waren,
- tapfer unausweichliche Leiden in der von außen verursachten Notlage erleben mussten,

- als Befreier den Boden von ost- und zentraleuropäischen Ländern betreten haben,
- solidarisch industrielle Hilfe in asiatischen, lateinamerikanischen und afrikanischen Ländern geleistet haben,
- keine aggressiven Ziele verfolgten,
- für den Frieden in der ganzen Welt gegen aggressive imperialistische Pläne eintraten.

Die Tatsache, dass Realität und Lebensstationen sehr komplex und differenziert sein können, wurde ignoriert und außer Acht gelassen. Das galt auch für Kunst und Kultur. Komplexere Darstellungen der Wirklichkeit haben die Verantwortlichen der offiziellen sowjetischen Wissenschafts- und Kulturpolitik nicht begrüßt, ja sogar gnadenlos verdrängt. Das betraf die Malerei genauso wie die Filmkunst und die Literatur. Seit den 1960er-Jahren existierten jedoch zugleich eine „Untergrundkultur“ und eine „Literatur im Selbstverlag“ (‚Samisdat‘). Und es gab Menschen, die sich dafür interessierten. Die alternative Szene in der Malerei beschreibt der Maler Michail Schemjakin in seinem Buch „Mein Leben: vor der Verbannung“.[1]

Die Staatspolitik trat für den „sozialistischen Realismus“ ein und förderte entsprechende Kulturprodukte. Manchen Kunstschaffenden gelang es jedoch, ideologische Rahmen zu sprengen und die eigene Kreativität zum Ausdruck zu

1 Schemjakin, Michail. Moja zhyzhn: do izgnanya. (Mein Leben: vor der Verbannung). Moskau 2023. AST. 720 S.

bringen, ohne diese ideologisch motivierten Grundregeln zu verletzen. Zur Konstruktion des oben skizzierten positiven Selbstbildes des Sowjetmenschen haben über mehrere Jahrzehnte auch talentierte Kunst- und Kulturschaffende beigetragen.

Prosa und Lyrik der vielfältigen Nachkriegsliteratur, vertreten durch hervorragende Autoren, herausgegeben in großen Auflagen, verfilmt von begabten Regisseuren und meisterhaft dargestellt von beliebten Schauspielern, haben für mehrere Generationen einen idealisierten, z. T. romantisierten Typ oder Prototyp einer kollektiven Identität geprägt. Eine zentrale Rolle spielte dabei wiederum eine „selbstaufopfernde Überwindung aller Schwierigkeiten".

In dieser kollektiven Selbstidentität gab es keinen Platz für das Böse. Das Böse kam – dieser Logik entsprechend – aus dem Ausland und nie aus dem Inland. Negative realitätsbezogene Geschehnisse wurden ausgeblendet. Ein bedrückendes und geradezu krasses Beispiel dafür war die Tatsache, dass alle aus dem Zweiten Weltkrieg zurückgekehrten schwerstverwundeten und schwerstbehinderten Soldaten auf abgelegenen Inseln geradezu versteckt und damit der allgemeinen Wahrnehmung entzogen wurden, wie etwa auf der bekannten Klosterinsel Walaam. Der Sieg wurde glorifiziert, sein Gesicht sollte triumphal und blumengeschmückt sein. Interessanterweise nahm die Glorifizierung des Sieges im 2. Weltkrieg mit den Jahren zu. Die zeitliche Entfernung von den realen Ereignissen, begleitet von einem eingeschränkten Zugang zu den Archivdokumenten, hat zunehmend mythologische Konstruktionen hervorgebracht. Natürlich gibt es keinen Zweifel am Beitrag des sowjetischen Volkes zum Sieg im 2. Weltkrieg oder an seinen tragischen Verlusten, Opfern und den Zerstörungen. Bisher nicht erschöpft sind aber weiterhin Einordnungen und Interpretationen dieses historischen Ereignisses.

In Literatur und Filmkunst bediente man sich längere Zeit einer Polarisierung: einerseits die drastische Darstellung der enormen Grausamkeit und Brutalität des Gegners, andererseits die Überhöhung von Tapferkeit, Kameradschaftlichkeit und Humanität des sowjetischen Volkes. Für Verrat, Feigheit oder Hinterlistigkeit gab es in den eigenen Reihen keinen Platz. Erst seit dem Ende der 70er-Jahre kam es zu einer subtileren und differenzierteren Aufarbeitung und Darstellung der Kriegsereignisse. Ein damals bemerkenswertes und viel diskutiertes Schlüsselwerk dieser neuen Tendenz war der Roman „Das Ufer" von Juri Bondarew.[2]

Insgesamt war die Dimension der medialen, literarischen und künstlerischen „Gestaltungsindustrie" in der Sowjetunion enorm. Sozialpsychologisch gesehen ist die Wirkung der damaligen propagandistischen Maschinerie auf die gesellschaftlichen Prozesse bis jetzt nicht ausreichend reflektiert und aufgearbeitet worden.

Mit den stark ideologisierten Vorstellungen und unreflektiert wahrgenommenen Klischees lebten ganze Generationen. Diese Klischees wurden ihnen in der Schule, an der Hochschule, am Arbeitsplatz als unanfechtbare, nicht zu hin-

2 Bondarev, Jurij. Das Ufer. Düsseldorf 1978. Classen Verlag. 487 S. Übers. von Jurij Elperin.

terfragende Thesen und Wahrheiten vermittelt. Sie prägten teilweise auch das Familienleben.

In den 90er-Jahren wurden viele Archive geöffnet und der Zugang zu historischen Dokumenten erlaubt. Man begann, die sowjetische Geschichte neu zu erforschen und aufzuarbeiten. Zeitzeugen bekamen das Wort. Die Massenmedien machten ein breites Publikum mit bis dahin verbotenen Büchern, Spiel- und Dokumentarfilmen bekannt. Dieser Freiheitsraum wurde allerdings bald immer weiter eingeengt. Die Rückkehr zu den alten Orientierungen geschah überraschend schnell und in Hinblick auf einige alte Stereotype widersprüchlich. So hört man schon lange nichts mehr von einem proletarischen (oder auch einem anderen, sagen wir ökologischen) Internationalismus. Statt des Internationalen kam es jetzt immer mehr zur Dominanz des Nationalen. Die dominierende ideologische These des sowjetischen Spätsozialismus lautete: friedliche Koexistenz und friedlicher Wettbewerb zwischen Sozialismus und Kapitalismus. Aber wo ist Sozialismus? Wo ist „friedliche Koexistenz?“ Um welchen Wettbewerb geht es? Und was bleibt?

Bezogen auf die sowjetische Zeit muss nochmals betont werden, dass das glänzende, positive nationale Selbstporträt konsequent und tiefgreifend durch zahlreiche Kanäle konstruiert und vermittelt wurde. Dazu gehörten eine spannende Kinderliteratur, Abenteuergeschichten, ein Pflichtkanon in der Schullektüre, Lesungen und Literaturabende mit Autoren, Theaterstücke und Theateraufführungen sowie auch andere staatlich finanzierte und ideologisch gesicherte Veranstaltungen. Nicht unterschätzt werden soll die emotionale Seite; sie hat in der russischen Kultur traditionell eine bedeutende Rolle gespielt. Menschliche Schicksale, Liebesgeschichten, aufgegebene Hoffnungen, bedenkenlose Selbstopferung waren Motive zahlreicher Kunstwerke – Motive, die sich mitten in den Kriegsgeschehen des XX. Jahrhunderts entfalteten. Diese Emotionalität konnte keine russische Seele gleichgültig lassen. Die Kulturereignisse, im weiten Sinne des Wortes, haben ihren Beitrag zur Gestaltung einer sowjetischen Selbstidentität geleistet. Natürlich haben daneben auch andere „gestaltungsrelevante" Mechanismen auf dieses Ziel hingearbeitet.

In der aktuellen Selbstwahrnehmung eines durchschnittlichen russischen Bürgers und demzufolge in vielen Äußerungen, die einen Europäer stutzig machen könnten, spürt man deutlich einen unbewussten inneren Protest, sich mit dem Bösen identifizieren zu wollen. Und so versucht man, das offensichtlich Böse als eine alternativlose und schützende „Maßnahme" zu rechtfertigen, um schuldlos dazustehen. Oder man versucht, eine „Opfernische" für sich zu finden. Überraschenderweise scheint die „Opfernische" für viele der bequemste Weg zu sein. Man kann solch eine Schutzreaktion als ein unreifes, kindliches Verhalten interpretieren, gleichzeitig aber auch als einen unbewussten Versuch, der Realität zu entkommen. Anderseits stecken reale Ängste und Unsicherheiten vor den neuen Umständen und Gefahren dahinter, ja sogar eine innere Hilflosigkeit. Nach allen oben erwähnten Umbrüchen und den im Laufe der vergangenen Jahrzehnte gemachten Erfahrungen ist es letztlich zu einer tiefen Enttäuschung von der Politik und den Vertretern der Politik, zum Teil auch zu Hoffnungslosigkeit gekommen. Vor allem fehlt der Glaube daran, selbst etwas beeinflussen zu können.

Auf eine weitere sozialpsychologisch relevante Besonderheit muss ebenfalls hingewiesen werden: Schon in der spätsowjetischen Zeit misstrauten viele Menschen dem Wahrheitsgehalt der sowjetischen Propaganda, andererseits waren sie bereit, in der Kultur eine Ersatzgeschichtsschreibung zu finden und diese zu akzeptieren. So hat man die Feldmarschälle Michail Kutusow oder Georgi Schukow so wahrgenommen, wie sie in den Spielfilmen präsentiert wurden. Sergei Eisenstein konstruierte die Zaren Peter I. oder Iwan IV. auf solch eine Art und Weise, dass sie im Bewusstsein eines breiten Publikums alle realen historischen Beschreibungen übertrafen und dadurch realistisch und glaubwürdig wirkten.

Und jetzt?

Pathetisch versucht die Propaganda wieder die alte Klaviatur zu spielen, indem Opferrolle und Opferbereitschaft in den Vordergrund gerückt werden. Man spielt mit den Parolen ‚Verteidigung', ‚Verteidiger', ‚Gefahr' und ‚Isolation'.

Die Instrumentalisierung der Angst vor feindlicher Einkreisung, das wieder neu und laut verbreitete Narrativ der Furcht, man sei von Feinden umgeben, bezieht der Westen aus naheliegenden Gründen gerne auf die Schreckensereignisse des 20. Jahrhunderts. Dieses Einkreisungssyndrom und die damit einhergehenden Ängste gehen aber auf sehr viel ältere Epochen und Empfindungen zurück, auf dieselben übrigens, aus denen jetzt wieder Identifikationselemente gezogen werden. Der Rückgriff auf weit in der Historie liegende Ereignisse – Annahme des Christentums in Korsun/

Chersones auf der Krim, das Wirken und die Bedeutung des Kiewer Fürsten Vladimir für die Entwicklung Russlands, die Zeit der Tatarenherrschaft, die Rolle des Nowgoroder Großfürsten Alexander Newski – alle diese Ereignisse stammen aus der Zeit, in der sich das Russland der damaligen Zeit, das alte „Moskowien", in der Tat und zu Recht von vielen Seiten bedroht sah: von den Tataren im Osten, den Steppenvölkern wie den Kumanen oder Petschenegen im Süden, von den Deutschordensrittern im Nordwesten oder von der polnischen-litauischen Expansion im Westen. Die Bedeutung Peters des Großen in der Neuzeit oder die Rolle von Zar Alexander III. im 19. Jahrhundert, aber auch die Interpretation Stalins als eines Politikers, der der Sowjetunion Ansehen und Respekt in der Welt verschafft hat, sollen dem Russland der Gegenwart das Gefühl von Größe, Ratio und Legitimation für seinen Sonderweg in der Geschichte vermitteln.

Aber der Klang der Töne bleibt stumpf und falsch. Der gesunde Menschenverstand wehrt sich gegen diese Musik und sucht mühevoll aufs Neue nach der eigenen Identität und nach einem Weg, der vom Licht der Wahrheit und Gerechtigkeit gesegnet ist.

Die manipulativen medialen Wirkungsmethoden unter Einschluss der künstlerischen Mittel funktionieren so, wie paradox es auch klingen mag, dass die heutigen tragischen kriegerischen Auseinandersetzungen in die historische Vergangenheit transferiert werden. Die Gegenwart wird mit der heroisierten Vergangenheit verknüpft. Man versucht, die historischen Parallelen dort zu ziehen, wo es gar keine Parallelen geben kann, um dadurch bewusst oder unbewusst jeglicher Verantwortung für die aktuellen Geschehnisse zu entkommen.

Gleichwohl: Zweifel, Unsicherheit vor der Zukunft, Angst und Sorge um die Kinder – das sind die Gefühle, von denen viele normale Bürger in Russland erfasst werden. Es wird immer schwieriger, diese Gefühle zu verdrängen und ein Versteckspiel zu spielen. Die Aufarbeitung und die individuelle Reflexion der aktuellen Geschehnisse stehen noch bevor. In diesem Zustand des „Bevorstehenden“ und der fatalistischen Hoffnung auf eine Lösung der Situation, aber auch auf eine „Erlösung“ befindet sich ein bedeutender Teil der russischen Gesellschaft. Momentan versucht man, vor der Realität zu fliehen, indem man den Kulturraum, der allerdings enger geworden ist, besonders leidenschaftlich genießt. Kein ausländischer Musiker oder Schauspieler, keine Ausstellungen kommen aus dem westlichen Ausland. Wenn bei einer Musikveranstaltung ein einziger chinesischer Musiker mitspielt, nennt man diese Veranstaltung schon international. Andererseits bewegen die geschlossenen Kulturgrenzen die Museen russlandweit dazu, eigene Schätze neu zu erschließen und diese zu präsentieren. Vergessene oder wenig bekannte Maler bekommen ihr Publikum. Es kommt zur Entdeckung vieler neuer Namen, kreativer Formen und Kunstwerke, die in einem ungewöhnlichen Licht glänzen. Und so boomt das Kulturleben, hauptsächlich in Moskau und St. Petersburg, aber nicht nur dort. Die thematische Palette des musealen und musikalischen Angebots ist sehr vielfältig geworden. Starke Akzente werden allerdings zunehmend auf Symbolfiguren aus der älteren und neueren Vergangenheit gesetzt.

Eine dieser höchst umstrittenen Figuren ist der bereits oben erwähnte siegreiche, mittelalterliche Fürst Alexander Newski, den man heutzutage als eine historisch-politische Ikone darstellt. Angeblich habe er erfolgreich mit den tatarischen Herrschern kooperiert. Dieses Bündnis wird immer häufiger in höchsten Tönen gelobt und als ein Gegenpol zu den „bösen" Westlern der alten Zeiten interpretiert. Die autokratische Herrschaftsform aus Asien stand – dieser Logik nach – dem Russischen Reich näher als das Gedankengut des Abendlandes. Solche Interpretationen markieren eine deutliche Abkehr von der sowjetischen Einstellung zu Europa, von der sowjetischen nationalen/internationalen Selbstpositionierung und von der früher etablierten Wahrnehmung der eigenen Geschichte. In den Schulbüchern der sowjetischen Zeit wurde das tatarisch-mongolische Joch nachdrücklich als eine schwere Last und Gefahr bezeichnet, als ein Faktor der Zerstörung vieler Kulturdenkmäler und als Hindernis für die kulturelle Entwicklung. Heute wird dagegen die These verbreitet, dass mongolische Herrscher keine Bedrohung für die russische Kultur und Identität bedeuteten, im Unterschied zu den Europäern, die die Russen angeblich immer „bekehren" wollten.

Das ist allerdings mehr Theorie und manipulativ ausgerichtete Medienarbeit. In der Praxis haben die heutigen Russen in Moskau im November/Dezember 2023 eindeutig gezeigt, wo ihr Interesse liegt. Nächtelang standen Tausende russischer Bürger Schlange nach Karten ins Bolschoi-Theater für eine ganz bestimmte Vorstellung, die zwischen dem 25. Dezember und Silvester lief. Es ging um den „Nussknacker“, eine ihrem Inhalt und ihrer Form nach absolut europäische Ballettperle, bei der Pjotr Tschaikowski und E. T. A. Hoffmann zusammentreffen. Komponiert von einem russischen Komponisten mit französischen Wurzeln, das Libretto auf Grundlage der Erzählung des deutschen Romantikers E. T. A. Hoffmann verfasst, ein Werk, das aus dem europäischen Kulturgut nicht wegzudenken ist.

Zu dramatischen Szenen kam es im tage- und nächtelangen Warten auf den Kartenverkauf bei frostigen Temperaturen auf dem Gelände vor dem Bolschoi. Ausgerüstet mit Thermoskannen und Sandwiches kämpften die Kunstliebhaber gegen die Kälte. Hie und da musste die Nothilfe gerufen werden. Einige Personen bekamen Panikattacken. Die Kartenpreise erreichten auf dem Schwarzmarkt die schwindelerregende Summe von bis zu 70 000 Rubel (etwa 700 Euro) pro Karte. Das alles spielte sich in der Zeit der härtesten Kämpfe an der russisch-ukrainischen Front ab.

Überraschenderweise wurde der „Nussknacker“ zur Symbolfigur des zu Ende gehenden Jahres 2023, und zwar in Form kitschiger Souvenirs und kleiner und großer Darstellungen auf allen möglichen Bühnen landesweit, sogar in der Majakowskaja-Station der Moskauer U-Bahn. Es gab geradezu einen richtigen „Nussknackerrausch“, etwas bis dato in solchen Maßstäben nie Dagewesenes.

Wie ist das zu interpretieren? Ein Paradox? Ein sozialer Nihilismus? Oder eine verzweifelte Flucht vor der Realität, eine Flucht in die Kunst, in das Imaginäre? Und das war nicht nur in Moskau so. In der im Ural liegenden Stadt Perm waren im Laufe von ein paar Stunden über das Internet die Karten für die Vorstellung „Djagilew“ ausverkauft. Die musikalische Leitung hatte einer der wenigen nach Russland reisenden Weltstars übernommen, Teodor Currentzis. Die Preise bewegten sich um die Summe von 13 000 Rubel (ca. 130 Euro). Ist das denn nicht das klassische Fluchtmotiv, das sich in den besten Werken der klassischen russischen Literatur wiederfinden lässt?

Es gibt noch einen weiteren literarischen Helden der deutschen Literatur, der die russische Seele sehr bewegt und der einige Kulturveranstaltungen beim Jahreswechsel 2023/24 inspiriert hat: Baron Münchhausen. Die Figur Münchhausens erlebte und erlebt in Russland ein recht glückliches Schicksal. Es gab und gibt mehrere für Kinder bearbeitete Variationen seiner Geschichte. Der bekannte sowjetische Kinderbücherautor Kornei Iwanowitsch Tschukowski hat eine extra für Kinder gedachte Bearbeitung der berühmten Abenteuer verfasst, die bis heute immer wieder neu verlegt wird. Es gibt eine spätsowjetische, philosophisch-intellektuell ausgerichtete Verfilmung „Dieser Münchhausen“ (1982), in der ein einsamer Außenseiter, ein romantischer Träumer im Mittelpunkt steht, ein Mensch, der weg von der heuchlerischen Gesellschaft in die Welt der Phantasien flieht. Und gegenwärtig gibt es plötzlich eine neue Welle des Interesses. Vom 23. Dezember 2023 bis Ende Januar 2024 wurde in Moskau eine großangelegte spektakuläre Wassershow im Moskvarium vorgestellt. Mit modernen künstlerischen und technischen Mitteln wurden Lebensgeschichte und Abenteuer des legendären Barons inszeniert.

Auch die größte Kunstsammlung Russlands, die Petersburger Ermitage, befasst sich mit dieser literarischen Figur.

Ab Ende Mai und für die ganze Sommerzeit 2024 hat die Petersburger Ermitage eine große Ausstellung „Die Abenteuer des Baron Münchhausen in Russland“ angekündigt.

Seit mehreren Generationen ist die Figur Münchhausens dem russischen Publikum vertraut und verliert bemerkenswerterweise nichts von ihrer besonderen Ausstrahlung. Auch umgangssprachlich ist sie präsent. Eine Person, die gerne Geschichten erzählt, in denen sich „Dichtung und Wahrheit“ vermischen, wird auch heute noch als „Baron Münchhausen“ bezeichnet – was keinesfalls antiquiert klingt, sondern für Alt und Jung sofort verständlich ist.

Was bedeutet diese „Münchhausen-Renaissance“? Einige russische Medien versuchen, direkt und indirekt, oft mit Spott und Häme, eine deutschlandkritische Stimmung zu schüren, gleichzeitig präsentiert man aber im Kulturleben von Moskau und Petersburg recht anspruchsvolle Veranstaltungen für ein breites Publikum, bei denen der deutsche Baron im Mittelpunkt steht.

Man betont dabei teilweise den Bezug des Barons zu Russland, seinen Dienst am Zarenhof. Aber diese Seite der Biografie von Münchhausen belegt gerade nochmals jahrhundertelange Kontakte zwischen Russland und den ost- wie westeuropäische Staaten. Das waren wirtschaftliche, politische, kulturelle und private, breitangelegte Beziehungen. Auch Widersprüche und Konfrontationen, Rivalitäten und diplomatische Kämpfe führten nicht zu einer politischen Abschottung.

Trotz aggressiver Propaganda blieb und bleibt dem russischen Bewusstsein die deutsche Kultur vertraut.

Oder der für die russische Kultur in mehrerer Hinsicht symbolische und charismatische „Schwanensee"? Ob Tschaikowski mit seinem Prinz Siegfried und dem Motiv des Schwans nicht auch vom „deutschen Geist" beeinflusst worden ist?

Diejenigen Stimmen, die in Russland zurzeit so offensiv, teils aggressiv für die „traditionelle Werte" auftreten, wollen nicht wahrhaben, dass die gesamte russische Tradition im Laufe ihrer Geschichte immer auf die Kontakte und auf einen beiderseitigen Austausch mit den Nachbarländern angewiesen war. Was Westeuropa anbetrifft, ging es vor allem um die Kontakte zu Deutschland, Frankreich und Italien. Denn was wäre Petersburg ohne die italienischen Meister?

Und wer weiß schon, dass das kanonische Gemälde Nikolai Gogols, das in allen Schulbüchern präsent ist, von dem nach Russland ausgewanderten deutschstämmigen Maler Otto Friedrich Theodor Möller gemalt wurde?

Abb. 2: Porträt – Nikolai Gogol

Es gab bislang immer beiderseitige Kontakte und beiderseitige Inspirationen; konsequente Abschottung hat es nie gegeben – trotz der politischen Konfrontationen und der militärischen Auseinandersetzungen. Trotz unbestreitbarer Einflüsse Asiens: Russland war kulturell immer europäisch geprägt und will es wohl auch bleiben.

Archetypische Motive in der russischen Literatur: Protest und Flucht

Das Motiv des Protestes gegen die bestehende Gesellschaftsordnung verwendet Puschkin in seinem Roman „Die Hauptmannstochter", in seiner künstlerischen Bearbeitung des Kosakenaufstands Jemeljan Pugatschows gegen Katharina II. In diesem Sujet wird unter anderem implizit Kritik an der offizielle Orthodoxie geübt, denn in den Kampftruppen Pugatschows spielten die sogenannten Altgläubigen, also die orthodoxen Christen, die die Kirchenreform unter Zar Alexej nicht akzeptieren wollten, keine unbedeutende Rolle. Den Aufständischen haben sich auch kämpferische Baschkiren, ein Volk aus der Wolga-Region, angeschlossen. Pugatschow, der Kosak aus der Uralregion, verkörpert bei Puschkin stark das Motiv der ‚wolja', der unbeschränkten Freiheit mit anarchistischen Elementen. In seinem Roman zeigt Puschkin gleichzeitig alle Schrecken einer russischen Rebellion auf, die einer seiner Haupthelden als sinnlos und gnadenlos bezeichnet. In diesem Sinne lässt die Beschwörung der Vergangenheit als ein für Russland richtungsweisendes und positiv gestaltendes Element nicht nur die vermeintlich positiven

Erscheinungen zu, sondern auch die dunklen Seiten, d. h. anarchische Elemente.

Das Fluchtmotiv in der russischen Klassik war nicht unbedingt rebellischer Natur. Es zeigt sich zum Beispiel in der Gestalt des Aljoscha in Dostojewskijs „Die Brüder Karamasow". Der junge Mönch Aljoscha, von Starez Sosima in die Welt geschickt, kehrt ins Kloster zurück, denn allein dort findet er Seelenruhe und muss nicht auf die Unruhe in der Welt reagieren. Das Bedürfnis nach einer Flucht aus dem Leben kommt auch in den Werken Tolstois zum Ausdruck. In seiner Novelle „Vater Sergej" erzählt Tolstoi die Geschichte des Gardeoffiziers Stepan Kassatskij, der nach enttäuschter menschlicher Beziehung seine Karriere aufgibt und Mönch wird.

Die Selbstzerstörung als der totale Rückzug aus der Gesellschaft manifestiert sich am auffälligsten in der Figur des Oblomow bei Gontscharow. Oblomow lässt sich vom Leben treiben, ohne es gestalten zu können oder zu wollen.

Unter dem Aspekt der Selbstzerstörung muss auch Raskolnikow aus Dostojewskis „Schuld und Sühne" gesehen werden. In bewusster Negierung aller sittlichen Normen begeht Raskolnikow ein Verbrechen, um sich gegenüber der bindenden Wirkung dieser Normen als der Stärkere zu erweisen. Er tritt als Nihilist auf, der die Auseinandersetzung mit der Welt sucht, wenn auch in pathologischer Form.

Bei Alexander Blok wird auf das archetypische Motiv der Flucht in seinem Aufsatz „Bezvremenje" (dt. Zeitlosigkeit) von 1906 Bezug genommen.[3] Darin schreibt Blok von der Flucht der Bauern in die Skiten als Ausdruck eines heftigen Wunsches, sich von der geistigen Abhängigkeit zu befreien und sich vor der Gleichgültigkeit des Adels zu verstecken. Die Skiten waren im alten Russland Mönchsdörfer mit einer Selbstverwaltung unter der Oberaufsicht eines Großklosters.

Asketentum und Mönchstum haben auf die russischen Intellektuellen stets eine große Faszination ausgeübt. Der Offizier Stepan Kassatskij wird Mönch und geht in eine Skite, Aljoscha Karamasow geht ins Kloster. In Puschkins Drama „Boris Godunow“ kommt der falsche Demetrius aus der Stille eines abgelegenen Klosters. Ein militanter Mönch, ein Intellektueller mit politischen Ansprüchen, dessen politisches Programm allerdings keine reformorientierte Substanz zeigt. Sein Verhältnis zur Politik zielt nicht auf die Durchsetzung der Reformen, sondern auf die Machtergreifung und Vernichtung von Glaubensfeinden.

Ein weiteres und gern verwendetes Fluchtmotiv, das die klassische russische Literatur des 19. Jahrhunderts durchzieht, ist das des Kartenspiels. Die Novelle „Spieler-Glück“ von E. T. A. Hoffmann wurde bereits früh ins Russische übersetzt und hatte einen großen Erfolg.

Alexander Puschkin verwendet das Motiv des Kartenspiels als Glückssuche in „Pique Dame“ und in der Novelle „Der Schuss“; Nikolaj Gogol verwendet es in seinem Drama „Die Spieler“; Dostojewski in seinem Roman „Der Spieler“.

3 Alexander Block. Bezvremenje. Erstausgabe 1906. russ.: http://dugward.ru/library/blok/blok_bezvremenye.html.

Die existenzzerstörende Wirkung des Spiels, die Infragestellung der Ordnung durch den Zufall, der Verzicht auf die rationale Lebensgestaltung machten dieses Motiv zu einem Kristallisationspunkt der Negierung des Lebens. Der Literatur- und Kulturwissenschaftler Juri Lotman interpretiert das Motiv des Kartenspiels in der russischen Literatur als ein Sozialmodell des Lebens, bei dem Glückssuche und Fatalismus eine dominante Rolle spielen, ein Modell, das zur Selbstzerstörung führen kann.

Das Fatalistische und das Irrationale, obskure Verschwörungstheorien und Konspirationsängste werden von den heutigen russischen Massenmedien sehr gezielt vermittelt. Unsolide Spekulationen und Mythenbildung statt belegbarer oder dokumentenbezogener Analyse der Geschichtsereignisse bekommen durch Print- und digitale Medien eine massenhafte Verbreitung.

So gesehen stand das sowjetische System fest auf dem Boden des marxistischen Materialismus, es verabschiedete sich vom ererbten byzantinischen Weltbild. Geradezu paradox ist es, dass erst die Sowjetunion eine Ära der Aufklärung einleitete, jedoch mit marxistischer Prägung und mit einem immensen Einsatz von Gewalt bei der Umsetzung und Verbreitung des marxistischen Weltbildes. Autoritäre Systeme sind in der Regel nicht an einer umfassenden Bildung ihrer Untertanen interessiert. Anders aber die Sowjetunion, die den Bereichen Bildung und Wissenschaft hohe Priorität einräumte, freilich mit den entsprechenden ideologischen Vorzeichen.

Und so tut Russland sich immer noch schwer mit einem modernen Umgang mit der neueren Kulturgeschichte, es bleibt dabei weiter inkonsequent. Die „ideologische Perspektive“ spiegelt sich auch in einer durchaus chaotisch wirkenden Moskauer Toponymik wider, in einer schwer nachvollziehbaren Umbenennung beziehungsweise Nicht-Umbenennung von Moskauer Straßen. So hat der Lenin-Prospekt seinen Namen beibehalten, es gibt aber keine Tschechowstraße und keine Puschkinstraße mehr. Dafür haben diese ihre alten Namen aus der Zeit vor 1917 zurückerhalten. Die Namen Alexander Herzen und Nikolai Ogarjow, Demokraten aus dem 19. Jahrhundert, sind im Straßenverzeichnis von Moskau auch nicht mehr zu finden.

Unwillkürlich fällt dem Zeitgenossen in diesem Zusammenhang ein Zitat aus dem Roman von Wladimir Woinowitsch „Moskau 2042“[4] (erschienen 1986!) ein. In diesem satirischen Roman führt der Autor ein Spiel mit den Zeiträumen, bringt durch seine Zeitreise die Menschen unterschiedlicher Epochen zusammen und schafft dadurch eine Montage aus diesen Epochen. Unerklärlicherweise bleiben dabei einige alte Kultursymbole in „Moskau 2042“ erhalten, andere aber nicht.

> „Wollte ich meine Gefühle am ersten Tag meines Moskoreper Aufenthalts genau beschreiben, müßte ich allzu oft wiederholen, daß ich überrascht, erstaunt, verwundert, fassungslos und erschüttert war. In der Tat: stellen Sie sich vor, Sie treten auf den Roten Platz und finden daselbst weder die Basilius-Kathedrale noch das Mauso-

4 Wojnowitsch, Wladimir. Moskau 2042. Piper. München 1988: 446 S. Übers. von Swetlana Geier.

> leum vor, ja nicht einmal das Minin-und-Poscharskij-Denkmal. Nur das GUM, das Historische Museum, den Richtplatz (…) und den Spasskij Turm, wobei der Stern auf dem Turm nicht mehr aus Rubin, sondern aus Blech oder Kunststoff besteht."[5]

Weiter erfährt man, dass diese Objekte, „zu der Zeit, da es noch eine Währung gab, entweder von den Korruptionisten oder Reformisten an die Amerikaner verkauft worden seien", und dass diese Korruptionisten „nicht nur das Mausoleum, sondern auch den darin Aufgebahrten an einen Ölmagnaten verkauft hätten, der auf der ganzen Welt Mumien aufkaufe"[6].

Oder an anderer Stelle:

> „Bereits bei diesem ersten Spaziergang stellte ich fest, daß neben den Prospekten, Straßen, Gassen und Passagen, die ihre alten Namen behalten hatten, sehr viele neue entstanden waren …"[7]

Und so ist es schwierig, auch in der heutigen städtischen Toponymik ein Konzept und einen konsequenten Umgang mit der Geschichte Moskaus zu erkennen.

Einige russische Kaufmannsfamilien haben seit Mitte des 19. Jahrhunderts bis zur Russischen Revolution von 1917 die industrielle, wirtschaftliche und kulturelle Entwicklung Russ-

5 Ebd. S. 189.

6 Ebd. S. 190.

7 Ebd. S. 192.

lands maßgeblich mitgeprägt. Unter ihnen spielten die Altgläubigen und die Russlanddeutschen eine bedeutende Rolle. Das waren die Familien der Morosows, der Tretjakows, der Schtschukins, der Chludows oder der von Knoop. Um diese Zeit begannen auch Frauen aus diesen Familien ihre aktive unternehmerische und gesellschaftliche Präsenz zu zeigen. Eine von ihnen war Warwara Alexejewna Morosowa. Sie ist in Fachkreisen gut bekannt, im öffentlichen Bewusstsein wird die Familie Morosow allerdings vor allem mit ihren beiden Söhnen und mit ihrer Bildersammlung assoziiert, die ihnen nach 1917 geraubt wurde. Warwara Morosowa hat allein in Moskau den Bau einiger Kliniken finanziert, solide und architektonisch anspruchsvolle Gebäude, die sich in der Nähe des Neu-Jungfrauenklosters befinden und heute der Medizinischen Universität „I.M. Sechenow" angehören. Sie hat einige Stipendienprogramme für die Moskauer Universität (heute Moskauer Lomonossow-Universität) gestiftet und in die Gründung einiger ihrer Abteilungen investiert. Ihr Name ist aber in den heutigen Chroniken der Lomonossow-Universität nicht präsent. Es gibt keine Straße und keinen Park, die ihren Namen tragen, auch kein Denkmal. Dass in der Sowjetzeit die Leistungen dieser großbürgerlichen Schicht und insbesondere die durch sie wahrgenommene soziale Verantwortung verdrängt wurden, ist nachvollziehbar – der sowjetische Klassenstandpunkt ließ eine Würdigung nicht zu. Heute trifft man immer noch keine richtige Einordnung des damaligen Bürgertums in die russischen Gesellschaftsgeschichte, im medialen Raum erlebt man zumeist eine oberflächliche Wahrnehmung und Nachahmung.

Postsowjeticus oder Archaik? Dogma oder Diskurs?

Und wie werden aktuelle Ereignisse reflektiert?

Es gibt eine höchst umstrittene und willkürliche, gleichwohl weitverbreitete Vorstellung, dass die Generation 70+, die ehemaligen Sowjetbürgen, konservativ seien und sich nostalgisch nach früheren sowjetischen Weltbildern, nach einem bescheidenen Wohlstand und sozialer Sicherheit sehnen. Die nach der Wende Geborenen sollen dagegen modern und zukunftsorientiert sein. Ob sie es aber wirklich sind, ist schwer zu sagen. Eine eindeutige Antwort steht aus.

Was allerdings in der heutigen russischen Gesellschaft gänzlich fehlt, sind öffentliche und offene Diskussionen, Diskussionen zu den Themen, die gesellschaftsrelevant sind. Das Ende der 1980er- und die Zeit der 1990er-Jahre waren von heftigen Diskussionen geprägt. Das geschah im Parlament, auf der Straße, in den damaligen Parteien, im Freundeskreis, in der Familie und betraf alle Schichten der Gesellschaft. Damals war dies eine ganz neue Erfahrung für eine Gesellschaft, die seit Jahrzehnten freie öffentliche Diskussionen fast verlernt hatte. Die gab es davor nur für eine kurze Zeit in den 1920er-Jahren. Oder in einem sehr speziellen Rahmen in den 1960er-Jahren. In der Zeit des sowjetischen technologischen Aufschwungs hat man sehr emotional über das Verhältnis von Natur- und Geisteswissenschaften diskutiert, der sogenannte Disput zwischen „Physikern und Lyrikern". Die Poesieabende, an denen die damalige junge Generation der Dichter ihre Lyrik vortrug, versammelten Tausende Interessenten, so zum Beispiel im Moskauer Polytechnischen Museum. Anzunehmen ist, dass sich in dieser Zeit eine besondere neue Identität auszuformen begann. Sie betraf einen begrenzten, gleichzeitig aber recht breiten Kreis der Gesellschaft. Dazu gehörten diejenigen, die im Bereich der Raumforschung tätig waren, sowohl einfache Techniker als auch hochkarätige Konstrukteure. Eine relativ kurze, allerdings bedeutende Epoche, gekennzeichnet durch eine positive, gleichzeitig auch romantisierende sowjetische Selbstidentität. Der erste Raumflug, gesteuert von Juri Gagarin, war ein mentaler Durchbruch im damaligen grauen sowjetischen Alltag. Aus heutiger Perspektive klingt es absolut fantastisch, dass, nachdem der sowjetische Rundfunk über den gelungenen Raumflug am 12. April 1961 berichtet hatte, die Mitarbeiter der meisten Moskauer Institutionen ihre Arbeit niedergelegt haben und zu spontanen, „nicht genehmigten" Demonstrationen auf die Straßen gegangen sind. Ohne Hindernisse zogen sie bis zum Roten Platz. Wie sich Zeitzeugen erinnern, aber auch Dokumentarfilme zeigen, waren es Momente einer kollektiven Begeisterung und eines Versuchs, sich mit diesem Durchbruch zu identifizieren und ein neues Selbstwertgefühl zu erleben. Die Selbstidentifizierung vieler Sowjetbürger mit dieser Leistung hatte einen realen Grund. Direkt und indirekt arbeiteten in dieser Branche Millionen von Arbeitnehmern. Umfangreiche staatliche Investitionen in die Raumfahrtforschung und -produktion führten zugleich zur Vernachlässigung anderer Lebensbereiche. Teile der Biografien des aus der Ukraine stammenden Raketenkonstrukteurs Sergej Koroljow oder seines Projektmitstreiters, des Russlanddeutschen Boris Rauschenbach, wurden für lange Zeit vor der Öffentlichkeit verborgen. Denn beide haben während ihrer jahrelangen Inhaftierung praktisch als Zwangsarbeiter an ihren wissenschaftlichen Projekten unter unmenschlichen Bedingungen arbeiten müssen.

Abb. 3: Sojus-Apollon: Erste US-amerikanisch-sowjetische Kooperation in der Weltraumfahrt

Abb. 4: Unterschriften sowjetischer Kosmonauten – aus dem Archiv der Autorin

Die ideologisch motivierte Propaganda hat nachdrücklich versucht, das Thema „Kosmos und Raumflug" als Erklärung und Argument für die Defizite im Konsumbereich zu verwenden und wiederum die individuelle Identität durch die kollektive zu ersetzen.

Das Motiv des Kosmos inspirierte eine ganze Reihe von Kulturereignissen. Hervorragende Werke in der bildenden Kunst, in der Architektur, Musik und Literatur haben einige Jahrzehnte geprägt. Das könnte man wiederum als eine Art Fluchtmotiv interpretieren. In der Gesellschaft kam es zu zukunftsorientierten, romantisierenden Diskussionen einerseits und zu wissenschaftlich fundierten Hypothesen andererseits. In den 1980er-Jahren allerdings konnte die sowjetische Raumforschung ihre führende Position im internationalen Wettbewerb nicht beibehalten.

Jetzt wird nicht mehr diskutiert, weder öffentlich noch am Arbeitsplatz, weder über Politik noch über Lebensumstände. Der Literatur- und Kulturwissenschaftler Sergej Awerinzew ging davon aus, dass die Streitkultur der Scholastik mit ihrer methodischen Reflexion und ihrem logisch-rhetorischem Rationalismus niemals Eingang in Russland gefunden hat und somit niemals in die russische Kultur eingebunden worden ist. Die Kulturtechniken der Diskussion, des Streitgesprächs, der Artikulation und argumentativen Entwicklung des eigenen Streitpunktes wurden in Russland nicht oder allenfalls nur unvollkommen entwickelt. Daraus resultierte ein Klima der geistigen Sprachlosigkeit. Es kann sein, dass dieses Phänomen einen tiefen historisch-konfessionellen Hintergrund hat. Mit der Übernahme des byzantinisch geprägten Christentums hat Russland auch ein Weltbild übernommen, das, knapp formuliert, jede Art der Veränderung der bestehenden Weltordnung durch den Menschen als einen Verstoß gegen die von Gott selbst gegebene Ordnung betrachtet. Die Einführung der Psychologie in die Literatur, insbesondere bei Dostojewski, lässt auch deutlich werden, dass der äußeren starren Ordnung das innere Gefangensein entspricht.

Welche Rolle spielt dabei die Haltung einer so schwer definierbaren Schicht, die man gemeinhin als ‚Intelligenzija' bezeichnet? Wie ist ihr Beitrag bei der Aufarbeitung, Gestaltung und bei der Rezeption der eigenen Geschichte und der eigenen Identität? Ob die russische Intelligenzija nur ein Konstrukt ist? Ein Konstrukt, das hin und wieder Transformationen und Modifikationen erlebt? Die Schicht der ‚Intelligenzija' formierte sich als eine besondere soziale Struktur der russischen Gesellschaft im 19. Jahrhundert. Längere Zeit definierte sie sich durch das Bekenntnis zu moralischen Werten, zur sozialen Verantwortung, zu kritischem Denken und zur Kritik an den Machthabenden. Der große Kenner der „russischen Seele", Anton Pawlowitsch Tschechow, selbst ein Intelligenzler, ist allerdings durch seine sehr skeptischen Äußerungen der russischen Intelligenzija gegenüber bekannt. In einem Brief an seinen Freund Orlow vom 22.02.1899 bezeichnet er die russische Intelligenzija als „heuchlerisch, verlogen, hysterisch, ungezogen und faul". Er empfinde kein Mitleid mit ihr, denn, so Tschechow, „ihre Unterdrücker kommen aus ihren eigenen Reihen".[8]

Die sowjetische Ideologie pflegte einen eigentümlichen Umgang mit diesem Begriff, und es entstanden Sprachschöpfungen, wie „sowjetische Intelligenzija", „wissenschaftlich-technische Intelligenzija" und „künstlerische Intelligenzija".

Der Schriftsteller und Journalist Denis Dragunskij hat in seinem Beitrag von 2018 („Abschied vom Volk") in einer ironischen und paradoxen Form die These aufgestellt, dass die Intelligenzija nur so lange existiert, solange das Volk existiert.[9]

8 Cit. Nach: Rodionova O. I. A. P. Tschechov o russkoj intelligencii. In. Nauchnye vedomosti. Serie Filosofia. Soziologija. Pravo. 2012. Nr. 14 (133). Vypusk 21. S. 217–225. S. 223.

9 Dragunskij, Denis. Proschtschanije s narodom (Abschied vom Volk). In: газета.ру. abgerufen 6. April 2018. 08.30 Uhr.

All diese sozialen Beziehungen und Konzepte, so der Autor, gehören dem vergangenen Jahrhundert an. Im Oktober 2023 diagnostizierte der Historiker und Schriftsteller Dmitrij Taratorin, dass die russische Intelligenzija sich abgeschafft habe (kogda samootmenilas' russkaja intelligenzija, regnum.ru).

Eines der aktuellen russischen Probleme ist, dass die Gesellschaft ihre Vergangenheit, insbesondere die jüngste, noch nicht richtig bewerten kann. Bis jetzt sieht man Gedenktafeln für Lenin am Gebäude der noblen Moskauer Hotels „Metropol" und „National" und an vielen anderen Häusern in der Stadt. Und wie wird Lenin selbst bewertet?

Solche und ähnliche Erscheinungen führen zu einer Irritation bei der Wahrnehmung der eigenen Geschichte. Trotz der hohen Anpassungsfähigkeit der russischen Bürger hinterlässt der radikale Wechsel von Orientierungen, wie z. B. der Sprung von einem aggressiven, kämpferischen Atheismus zum Bau oder zur Restaurierung von Kapellen und Kirchen in staatlichen Hochschulen, seine Spuren im kollektiven Bewusstsein. Diese Prozesse verursachen unausweichlich eine gewisse ‚Chaotisierung' des Bewusstseins. Eine offizielle Stellungnahme zu Lenin gibt es übrigens bis jetzt nicht.

Da kann man wiederum an die in literarischer Form präsentierte Zukunftsvision von Wladimir Wojnowitsch denken. In seinem Roman „Moskau 2042" führt er ein Spiel mit den temporalen Räumen, eine Mystifikation zwischen Vergangenheit und Zukunft. Die Zukunft wird dabei als eine karikaturartige Degradierung der Vergangenheit, als absurd und witzig dargestellt. Sie erscheint als eine Fiktion in Gestalt einer verdrehten Vergangenheit.

In diesem Kontext versuchen einige Intellektuelle, höchst umstrittene, teilweise obskure und nur in die Vergangenheit gerichtete Ideen zu verkünden, die von der Politik gerne aufgegriffen werden. Heute, in einer höchst gespannten, gefährlichen und äußerst konfrontativen Situation, militärisch wie auch interkulturell und konfessionell, ist eine Diskussion aus der Mitte des 19. Jahrhunderts wieder aufgeflammt – die Diskussion, ob Russland zu Europa gehöre und ob es einen Teil des europäischen Kulturraumes bilde.

Man kann in Russland oft rechtsradikale Stimmen hören, die lautstark eine Isolation, eine Eigenständigkeit Russlands einfordern und diese als erstrebenswert feiern. Einige Gruppen reden von einem „Sonderweg", von rätselhaften „ursprünglichen" Werten, ohne sich Gedanken darüber zu machen, wo der eigentliche Ursprung dieser Werte liegt und wie sie zu definieren sind. Es bleibt unklar und unverständlich, was genau damit gemeint sein soll. Diese Stimmen sind laut, sie werden von den Medien gesteuert, benutzt oder auch missbraucht. Sie sind widersprüchlich und inkonsequent. Solche Stimmen deklarieren, predigen und beschimpfen, argumentieren aber nicht.

Bei näherer Betrachtung kann man dabei kaum gedankliche Innovationen oder ein theoretisch fundiertes System, dem 21. Jahrhundert angemessen, entdecken. Es ist nichts anderes als der Griff in die alte „Mottenkiste".[10] Da spielt man

---

10 S. z. B. Trubeckoj, Nikolaj Sergeevich: Europa und die Menschheit. München: Drei-Masken-Verlag. 1922 oder Trubezkoj, Nikolaj: K probleme russkogo samopoznanija: sobranie statej. Evraz. Knigoizdat. 1927. Paris.

mit den Ideen, die Fürst Nikolai Sergejewitsch Trubetzkoy (dessen Gedenktafel im Hof des Hauptgebäudes der Universität Wien zu finden ist) vor knapp einhundert Jahren artikuliert hat. Seine Ideen scheinen einige heutige „Vordenker" und Ideologen in Russland maßgeblich geprägt zu haben.

Die Handschrift Trubetzkoys lässt sich auch deutlich in der Einstellung gegenüber der ukrainischen Kultur verfolgen.

Abb. 5: Nikolai Trubetzkoy

Nikolai Trubetzkoy (1890–1938), Autor der „Grundzüge der Phonologie", ein Wissenschaftler, der die Linguistik des 20. Jahrhunderts geprägt hat, einer der Mitbegründer des Prager Linguistenzirkels, war gleichzeitig auch der Ideologe der Euroasiatischen Theorie. Dieses Gedankengut fand eine spürbare Unterstützung bei einem Teil der russischen Emigranten der ersten Welle. Ein starker Antieuropäismus, die

Hervorhebung der Orthodoxie, der Mythos eines Sonderwegs Russlands in der Geschichte, der angeblich nach den Petrinischen Reformen verloren gegangen sei, sowie ein dezidierter Antikommunismus waren Merkmale dieses Eurasismus.

Im theoretischen System von Trubetzkoy wird die westliche Zivilisation dämonisiert, die Zeit der tataro-mongolischen Herrschaft idealisiert, ein rätselhaftes „turanisches Element", das die Russen mit den Nomadenvölkern verbindet, als ein wichtiges gemeinsames Merkmal bezeichnet. All diese Ideen werden heute oft aus zweiter, sogar dritter und vierter Hand kolportiert.

Schon in der Emigration, in den 20er-Jahren, verfasste Trubetzkoy solche Schriften, wie „Zum ukrainischen Problem" (in Paris 1927 herausgegeben)[11], wo er gegen den „ukrainischen Kulturseparatismus" auftritt. Der Beitrag hatte schon damals heftige Diskussionen ausgelöst. Darauf folgten die Antwort des ukrainischen Historikers Professor Doroschenko und mehrere weitere Diskussionen, die in Fachkreisen gut bekannt sind. Bemerkenswert daran ist, dass man sich heute gerade dieser höchst umstrittenen, scheinbar überholten Konzepte bedient. Nicht die „Die Grundzüge der Phonologie" von Trubetzkoy, sondern seine umstrittenen Schriften zum euroasiatischen Themenkreis und zum ukrainischen Problem werden heute immer wieder, auch 2023, neu verlegt. Das Irrationale hat in der Menschheitsgeschichte leider schon viele Menschen in Versuchung geführt.

11 Trubezkoj, Nikolaj.: K ukrainskoj probleme (Zum ukrainischen Problem). In: Sammelband „Evrazijskij sovremennik". Kniga V. Paris 1927. S. 165–184.

Russland und Europa. Zum aktuellen Stand der Diskussion

2023 wurde in Russland unerwartet breit der 205. Geburtstag Iwan Sergejewitsch Turgenews gefeiert. Unerwartet in dem Sinne, dass ein 205. Geburtstag kein rundes Datum für ein Jubiläum ist. Fünf Jahre zuvor, im Jahre des 200. Turgenew-Jubiläums, hat man den Schriftsteller „standesgemäß" russlandweit geehrt, der Höhepunkt fand im traditionsreichen „Säulensaal" von Moskau statt. Damals hat der Vorsitzende der Kommunistischen Partei Gennadi Sjuganow Turgenew in höchsten Tönen gelobt, er betonte die heutige Aktualität des Werkes Turgenews, seine Ehrlichkeit, seine brillante Sprache und seine Aufmerksamkeit für die Probleme des einfachen Volkes. Auch das Jahr 2023, zwar nicht in so einem großen Stil, war durch zahlreiche Ausstellungen, Konferenzen und Filmwochen gekennzeichnet. Es gab Veranstaltungen in Tula, in Tambow, in Orjol, auf dem ehemaligen Gut Turgenews in Spasskoje-Lutowinowo und natürlich in Moskau und St. Petersburg. Iwan Turgenew, der Spätromantiker der russischen Literatur, den man gewöhnlich zu den Realisten zählt, wurde wiederum vor allem als Sänger der russischen Natur und der traditionellen russischen Lebensweise gepriesen, der russischen Adelsgüter (usad'by). Weniger hervorgehoben hat man seine ausgeprägte europäische Seite, seine längeren Europa-Aufenthalte, seinen europäischen Lebensstil und seine Integration in das europäische Kulturleben, seine Freundschaftsbeziehungen zu zeitgenössischen „Zunftkollegen" wie die Brüder Goncourt, Guy de Montpassant, Gustave Flaubert, Prosper Mérimée, Friedrich von Bodenstedt, Theodor Storm, Baron Eduard von Ungern-Sternberg, Ludwig Friedländer, Ludwig Pietsch, Ferdinand Löve. Man bezeichnet Turgenew in Russland gerne und etwas pathetisch als den „Botschafter der russischen Kultur in Europa", Turgenew selbst war aber ein Teil dieser europäischen Kultur in ihrer ganzen Vielfalt und in ihrer russischen Prägung. Es ist schon bemerkenswert, wie gut sich Turgenew und die Mehrzahl seiner „Berufskollegen", die Dichter und Schriftsteller seiner Zeit, in Europa – in Deutschland, Frankreich, Schweiz, Italien oder England – auskannten, aber nicht in den Gebieten östlich der Wolga! Allein Anton Tschechow mit seiner Reise nach Sachalin und Fjodor Dostojewski als Verbannter hatten Bekanntschaft mit Sibirien gemacht.

Turgenew war nicht nur ein Meister der russischen Sprache, sondern auch Meister anderer europäischer Sprachen, die er beherrschte. Peter Urban, Herausgeber des Bandes „Ivan Turgenev. Werther Herr!"[12] betont Turgenews „vorzügliches Deutsch", seinen „kreativen Umgang" mit der deut-

12 Ivan S. Turgenev. Werther Herr! Turgenevs deutscher Briefwechsel. Friedenauer Presse. Berlin 2005. 336 S. Hgg. von Peter Urban.

schen Sprache und das „breite Spektrum der Stilregister", mit dem er arbeitete. Im Vorwort zum Buch von Roland Krischke „Iwan S. Turgenjew in Heidelberg"[13] bezeichnet die Redaktion Turgenew als den „deutschesten aller russischen Schriftsteller". Aber des Französischen scheint Turgenew genauso mächtig gewesen zu sein. So war Turgenew in der Tat der europäischste russische Schriftsteller der klassischen Periode oder „der russische Europäer", wie man ihn oft tituliert. Das Beherrschen der europäischen Sprachen, vor allem des Deutschen und des Französischen, aber auch des Englischen, war ein Teil seiner Persönlichkeit. Das bezog sich nicht nur auf die Sprachen, es waren Kulturwelten, in denen er lebte und sich zu Hause fühlte. Davon zeugt unter anderem sein umfangreicher Briefwechsel, den er mit all seinen Partnern in deren jeweiliger Muttersprache führte. Turgenew war hochgebildet, europäisch ausgerichtet, er war Vertreter des europäischen Kultur- und Gedankengutes, gleichzeitig ein feiner Kenner, aber auch Kritiker der damaligen russischen Verhältnisse. Auf ihn ist der Begriff „lischnije ljudi" (überflüssige Leute) zurückzuführen. So bezeichnete er die Persönlichkeiten, die ihren Platz in der Gesellschaft nicht finden können und die in einigen Werken der russischen Klassik meisterhaft dargestellt sind. Die gesamte Vielfalt des Schriftstellers Turgenew wurde bei der internationalen Konferenz im Institut für Weltliteratur in Moskau präsentiert (Oktober 2023). Der Vortrag des

13 Krischke, Roland. Iwan S. Turgenjew in Heidelberg. Mitteldeutscher Verlag. 2014. Halle (Saale). 72 S.

belgischen Forschers Konrad Fuhrmann hieß sogar provokativ „Turgenew – ein russischer Schriftsteller?“

In Russland schürt man gegenwärtig eine negative Stimmung gegenüber den ins Ausland emigrierten Russen. Und was ist mit Turgenew? Seine europäischen Charakteristika und Ansichten werden kleingeredet beziehungsweise als vor allem privat motiviert interpretiert. Immerhin hat er allein sieben Jahre in Baden-Baden verbracht und sich dort eine Villa bauen lassen. Die Handlung seines Romans „Der Rauch“ spielt in Baden-Baden. Subtil kritisch zeigt Turgenew darin die Atmosphäre, die er gut kannte: die russische Oberschicht, diejenigen Russen, die gerne Alltagskultur und technische Leistungen einer europäischen Stadt genießen, sich aber wenig Gedanken über gesellschaftsrelevante Differenzen zwischen Europa und ihrer russischen Heimat machen.

Die klassische russische Literatur diente tatsächlich längere Zeit als Orientierung und als Kompass bezüglich moralischer Werte. In der russischen Kultur, auch in der klassischen Literatur, spielen solche Begriffe wie Mitleid, Sühne, Schuldgefühl, Reue und Mitgefühl, Versöhnung und Vergebung eine gewichtige Rolle. Ob diese Werte heute bewusst versteckt werden oder ob alles Problematische konsequent verdrängt wird, ist schwer einzuschätzen. Oder nimmt die russische Literatur in ihrer Relevanz für die Gesellschaft drastisch ab?

Im 19. Jahrhundert war die Verbindung zwischen Literatur und Gesellschaft eng. Auch der Einfluss der Literatur auf die damalige, sich im Entstehen befindende ‚Intelligenzija‘ war beträchtlich. Viel Aufmerksamkeit hat 1878 ein Gerichtsprozess auf sich gezogen: Die gesellschaftlich engagierte, sozial-demokratisch gesinnte 28-jährige Wera Sassulitsch hatte aus politischer Überzeugung den Petersburger General-Gouverneur Treptow erschossen, wurde aber vom Gericht freigesprochen. Eine entscheidende Rolle spielte dabei die flammende Rede ihres Rechtsanwalts und letztlich die Entscheidung des Vorsitzenden des Gerichts. Das Motiv dieses Terroraktes war Sassulitschs Protest gegen die Grausamkeit des General-Gouverneurs gegenüber einem Gefängnisinsassen. In breiten Kreisen der damaligen russischen Gesellschaft fand dieser Fall eine große Resonanz, die Entscheidung des Richters wurde begrüßt. Die Regierung ließ zwar den Gerichtsbeschluss am nächsten Tag widerrufen, aber die Beschuldigte war zu diesem Moment schon über alle Berge. Später hat Wera Sassulitsch, die als Publizistin und Übersetzerin tätig war und längere Zeit in London lebte, ihre Tat tief bereut.

Mitte des 19. Jahrhunderts entflammten in Russland heftige intellektuelle Diskussionen zwischen den Vertretern des „Westlertums“ und des „Panslawismus“. Das Verhältnis zwischen Europa und Russland war schon immer vom Phänomen der Ideenwanderung gekennzeichnet. Eine Rezeption des westeuropäischen Geisteslebens, allen voran der Vorbilder der französischen und der deutschen Literatur, ist seit dem Ende des 18. Jahrhunderts zu beobachten. Europäische Vorbilder gaben Impulse für die Weiterentwicklung eigener origineller Formen und Inhalte. Russische Kaufleute wie die Morosows und die Schtschukins gehören zu den ersten Sammlern der französischen Impressionisten und sogar zu ihren Auftraggebern.

Über Wechselbeziehungen zwischen der russischen und der europäischen Kunst des ersten Viertels des 20. Jahrhunderts sind zahlreiche Bücher geschrieben worden. Die Architektur Moskaus und Petersburgs ist stark von Europäern, aber auch von Vertretern der russischen Kultur mit europäischen Wurzeln geprägt. Eines der neuesten in Russland herausgegebenen Bücher heißt sinngemäß „Russische Architektur im europäischen Kontext".[14]

Die allgemeinbildende Schule ist ein europäisches Produkt, ein unentbehrlicher Teil der europäischen Kultur, den jeder Mensch in Russland als eine Selbstverständlichkeit wahrnimmt. Die russische Schule hat immer nach dem 45-Minuten-Rhythmus gelebt, eine akademische Stunde, die auf die Lebensordnung der Benediktiner zurückzuführen ist. Keiner kommt (bis jetzt) auf den Gedanken, diesen Rhythmus abzuschaffen und etwas Neues einzuführen. Oder meint man, dies sei eine Regelung aus der alten Rus? Europäische Leistungen, technischer Fortschritt und europäische Lebensweise durchdringen alle Bereiche des russischen Lebens.

14 Verhnije torgovye rjady v Moskve v kontekste arhitektury evropejskih passazhej XIX veka. Voprosy vseobschej istorii arhitektury. Nestor-Istorija. Sankt-Petersburg/Moskwa 2016. Vypusk 7 (2).

Europa und europäische Sprachen in Russland. Tradition und Wende

Im Laufe seiner Geschichte war Russland Fremdsprachen gegenüber grundsätzlich positiv eingestellt. Nicht nur in der adligen Oberschicht (denken wir nur an „Krieg und Frieden" von Tolstoi, wo ganze Seiten mit Dialogen auf Französisch geschrieben sind), sondern auch unter den russischen Kaufleuten gehörten Französisch- und Deutschkenntnisse im auslaufenden 19. Jahrhundert zum Statussymbol beziehungsweise zu den beruflichen Kompetenzen und waren Voraussetzung für erfolgreiche Handelsgeschäfte. Bemerkenswert ist, wie die Bezeichnung anderer Sprachen im Russischen motiviert ist. Wenn im Deutschen „Fremd" im Fokus steht, heißt es im Russischen ‚innostrannyj', d. h. die Sprache anderer Länder, was ganz neutral klingt, weniger „fremd". Anfang des 20. Jahrhunderts hatte die deutsche Sprache in Russland eine starke Position im wissenschaftlichen und ingenieurtechnischen Bereich inne, insbesondere in Hinblick auf die damaligen stabilen Geschäftsbeziehungen und die Präsenz der deutschen Unternehmen in Russland. Zu einer radikalen Wende kam es mit dem Ausbruch des Ersten Weltkriegs. Nach dem Ende des Krieges und nach der Konstituierung der kommunistischen Regierung infolge der Oktoberrevolution war Sowjetrussland hingegen einer der wenigen Staaten, die sich dem Boykott der deutschen Sprache in der internationalen Wissenschaftskommunikation nicht anschlossen. Deutsch gewann anschließend rasch seine gute Position wieder. Dafür gab es zwei wesentliche Voraussetzungen: eine ideologische (Deutsch war die Sprache der Klassiker der kommunistischen Theorie und es gab enge Kontakte zu den deutschen und österreichischen Kommunisten) und eine wirtschaftliche. Die 1930er-Jahre haben neue, politisch-militärische Akzente in die damalige sowjetische Fremdsprachenpolitik gebracht. Das betraf in erster Linie gerade die deutsche Sprache.

Nach dem Ende des Zweiten Weltkrieges, insbesondere seit Beginn der 60er-Jahre, kam es zu einem politischgesteuerten Kurswechsel zugunsten der englischen Sprache. Prozentual wurde das Verhältnis zwischen den unterrichteten Schulsprachen Englisch, Deutsch, Französisch und andere Sprachen administrativ-ministerial festgelegt. Und zwar im Verhältnis 60 : 20 : 20. Spanischunterricht war damals eher eine seltene Ausnahme. Die gute Position der deutschen Sprache in der Sowjetunion zur Zeit des Kalten Krieges war dem in der DDR tätigen Herder-Institut und den Sprachzentren, vor allem in Leipzig, Erfurt, Jena und Berlin, zu verdanken.

Nach der Periode der Dekolonisierung in Angola und Mosambik Ende der 1970er-Jahre wurden kommissarisch-operativ portugiesische Sondergruppen mit Intensivunterricht an einigen Hochschulen organisiert, so z. B. in St. Petersburg und Moskau. Allerdings blieb Portugiesisch später im Rahmen der philologischen Interessen und Forschungen auf seiner früheren Position, es hatte aber eine gewisse Bedeutung im wirtschaftlichen Bereich.

An dieser Stelle sei erwähnt, dass an den russischen Hochschulen gemäß dem aktuellen Bildungsstandard aktuell zwei Fremdsprachen als Pflichtfächer fachbegleitend studiert werden (die philologischen und linguistischen Fachrichtungen sowie die Übersetzer- und Dolmetscherausbildung ausgenommen).

Ende der 1990er-Jahre bis etwa 2010 setzte man die Sprachgruppen in der Regel nach den Wünschen und Interessen der Studierenden zusammen, es sei denn, dass ein Mangel an Lehrkräften eine andere Verteilung der Gruppen bedingte. Es entwickelte sich auch ein größeres Angebot an chinesischem Sprachunterricht, vor allem im russischen Fernen Osten, bedingt durch die wachsende Nachfrage nach Chinesisch.

Neue Prioritäten im Bereich des Fremdsprachenlernens wurden in den vergangenen zwei bis drei Jahren gesetzt. Als Erstsprache wurde immer stärker ausschließlich das Englische an den Hochschulen angeboten, als Zweitsprache hat Spanisch seine Position deutlich verstärkt. Dazu kamen Chinesisch und Portugiesisch.

2023 stellte der amtierende Hochschulbildungsminister ein Programm für das Lernen und Studieren afrikanischer Sprachen an den russischen Schulen und Hochschulen vor.

Ebenfalls 2023 wurden zum ersten Mal in einigen Moskauer Schulen die afrikanischen Sprachen Suaheli und Amharisch als neue Lernfächer eingeführt. Dergleichen hatte es in der Sowjetunion nicht gegeben.

Die Erweiterung des Horizonts und die Entdeckung der Vielfalt der Kulturen der Welt sind zwar eine sehr positive Erscheinung. Hier ist aber wiederum eine politische Steuerung und die bekannte sowjetische Tradition, den Fremdsprachenerwerb zu politisieren, zu erkennen.

Und wie ist es mit Lehrkräften? Wie sollen sich die Germanistinnen und Germanisten beziehungsweise die Deutschlehrer und -lehrerinnen fühlen, wenn sie die Sprache eines ‚unfreundlichen' Landes unterrichten, und zwar hauptberuflich? Wie sollen sie sich neben den Kollegen behaupten, die ihren Schülern ganz selbstbewusst Suaheli oder Amharisch beibringen? Spanisch, Englisch und sogar Französisch sind aus der politischen Perspektive, ‚freundlich' vs. ‚unfreundlich' eher ambivalent, Deutsch aber nicht. In den vergangenen zwei Jahren wurde Deutsch an den Hochschulen konsequent reduziert, Deutschlehrkräfte bleiben ohne Lehrdeputat. Infolgedessen kündigen sie oder werden entlassen.

Wie dem auch sei: Der Versuch, Russland von dem europäischen Kultur- und Gedankengut abzuschotten, scheint absolut illusorisch zu sein, und zwar aus einem ganz einfachen Grund. Europäische Wurzeln und Komponenten haben die gesamte russische Alltagskultur mit ihren landesspezifischen Elementen durchdrungen, ohne dass man sich dessen immer bewusst ist. Das beginnt schon mit dem Jahresrhythmus.

Jahresrhythmus: europäisch oder vorpetrisch?

Der inkonsequente Umgang mit Ritualen, ein „Austauschen" der Weihnachtsidee mit dem Silvesterfest, ist für das postmonarchistische Russland nicht neu.

In der Alltagskultur ist das Sehnen nach der christlichen Weihnachtsidee und nach ihrer romantisch-märchenhaften Ausprägung im Bewusstsein oder auch im Unterbewusstsein der Menschen enorm. Deshalb fällt eine Initiative besonders auf, die die Kulturabteilung der Deutschen Botschaft Moskau und das Goethe-Institut unternommen haben: In der Moskauer Petrowka-Straße, neben dem Haus Berlin, gab es zur Weihnachtszeit für Russland etwas ungewöhnliche Vorstellungen. Es wurde eine Krippe errichtet, als Zauberer verkleidete Schauspieler lasen deutsche Märchen in russischer Sprache, man verkaufte Glühwein und Puffer mit Apfelmus. Diese Attraktion wurde gerne besucht, auch von Kindern mit ihren Eltern, von Studenten, die Deutsch lernten. Es wurden Quizze durchgeführt. Es herrschte eine unbefangene und offene Atmosphäre. Nicht zuletzt, weil noch bis in die jüngste Vergangenheit Kinderliteratur für mehrere Generationen russischer Bürger in Form von deutschen Märchen und ihren vielfältigen Verfilmungen vertraut war. Traditionell ist die europäische Kultur, ganz ausgeprägt auch die deutsche, für das russische Bewusstsein so vertraut, dass man sie nicht als etwas Fremdes oder Exotisches wahrnimmt.

Ein merkwürdiges Schicksal hatte auch das für jeden russischen Haushalt unentbehrliche Symbol des Jahreswechsels – der grüne Tannenbaum. Nach Russland im 19. Jahrhundert aus dem deutschsprachigen Kulturraum „importiert", wurde er 1914 infolge des ausgebrochenen Ersten Weltkrieges von Zar Nikolaus II. für ein „feindliches" Element erklärt und verboten. Nach der Oktoberrevolution hob man das Verbot auf, 1926 wurde der Tannenbaum allerdings wiederum verboten; dieses Mal wurde er von der kommunistischen Regierung als „bourgeois" bezeichnet und für einige Jahre aus dem öffentlichen Gebrauch eliminiert.

Das Bedürfnis nach einer Rückkehr zur alten Tradition schien aber im kollektiven Bewusstsein so stark zu sein, dass die kommunistische Staatsführung es nicht ignorieren konnte. Sie verstand es, die alte traditionelle religiöse Symbolik durch einen neuen ideologischen Inhalt zu ersetzen. Und so kam es wiederum zu einer Vermischung von christlichen Inhalten und Symbolen und atheistisch-ideologischer Ikonizität. Statt des Bethlehemsterns erschien der rote, revolutionäre Fünf-Spitzen-Stern. Das Ritual des Schenkens wurde auf die Silvesternacht verschoben. Für die Kinder legte man aber die Geschenke nach alter Tradition unter den Tannenbaum. Statt der „Stillen Nacht" des Erwartens und der Hoffnung stand eine laute Nacht des Jahreswechsels im Mittelpunkt. Ein besonderer Widerspruch zwischen Alt und Neu zeigte sich zusätzlich, als die sowjetische Regierung den gregorianischen Kalender einführte. Das Kirchenleben lief aber weiter und läuft bis jetzt nach dem julianischen Kalender, d. h., das Neue Jahr wird gefeiert, Weihnachten kommt aber erst danach. Und wiederum zwingt eine Chaotisierung des Bewusstseins die Menschen, ob gläubig oder nicht, die bestehenden Zustände einfach so hinzunehmen, wie sie sind, ohne Fragen zu stellen und ohne mit Änderungen zu rechnen.

Was die kommerzielle Seite anbetrifft, so werden schon seit einigen Jahren Kaufhäuser und Handelszentren in den Großstädten genau zu Anfang der Adventszeit festlich geschmückt und atmosphärisch eingerichtet. Begleitet wird diese Atmosphäre von meist anglo-amerikanischer Weihnachtsmusik.

Von diesen gemischten und etwas ungeordneten weltlich-konfessionellen Verhältnissen profitiert in jedem Fall die Kultur. Festliche Konzertprogramme mit europäischer und russischer Musik von Bach bis Tschaikowski, von Händel bis Rimski-Korsakow dauern gute zwei Monate, von Anfang Dezember bis Ende Januar.

Im Dezember 2023 hat das Deutsch-Russische Forum in Moskau ein Weihnachtskonzert veranstaltet, an dem junge russische Musiker teilnahmen. Die Veranstaltung war eine Synthese aus russischen, deutschen und internationalen Weihnachts- und Silvestermotiven, konzipiert als ein festliches Hauskonzert, bei dem auch zusammen gesungen wurde, Deutsch wie Russisch.

Zu diesem Konzert kamen etwa einhundert geladene Gäste, meistens junge Russinnen und Russen, die einen Bezug zu den deutschen Stipendienprogrammen hatten, zu den deutsch-russischen Kulturprogrammen und Kulturbeziehungen. Es waren Dolmetscher und Literaturübersetzer, Journalisten, Maler und Kunstwissenschaftler, Lehrkräfte und Autoren. Auch für Gespräche, für eine unbefangene Kommunikation, wurde Zeit gelassen. Es ging um Vergangenheit, Gegenwart und Zukunft, darum, wie es weitergehen soll.

Die Palette der Gefühle, genauso wie in der ganzen Gesellschaft, war breit: Unsicherheit, Besorgnis, Angst, Fassungslosigkeit, Unbeholfenheit, aber auch Hoffnung und Glaube, Glaube an die Vernunft.

Das heißt, es geht wiederum um Zeit und temporale Räume. Vergangenheit und Zukunft, Zeitbewusstsein und Zeitwahrnehmung. Fast wie im Roman „Moskau 2042“, wo der Autor Menschen unterschiedlicher Epochen zusammenbringt. Und so bezeichnen einige Analytiker die aktuelle Situation in Russland sogar als „Stagnation“. Ist es aber möglich, Stagnation und kriegerische Handlungen gleichzeitig zu haben? Passt das zusammen? Man weiß es nicht. Und so wissen viele auch nicht, wo sie stehen und wohin sie gehen.

Zum Thema Widerspruch zwischen Konstanz und Dynamik gesellschaftlicher Systeme hat Niklas Luhmann in seiner Theorie der Zeitlichkeit folgende These aufgestellt: „Die Ausbildung einer Differenz von Struktur und Prozess […]

ermöglicht es dem System, sich zu gleicher Zeit konstant zu halten und zu ändern.“[15]

7. Januar 2024, Moskau

15 Luhmann, Niklas. Gesellschaftsstruktur und Semantik. Studien zur Wissenssoziologie der modernen Gesellschaft. Suhrkamp 1993. Frankfurt am Main. 319 S., hier S. 235.